こどもといっしょに食べる
はじめてのスープ

野口真紀

はじめに

『はじめてのごはん』…離乳食を卒業すると、親子でいっしょにほぼ同じものを食べられるようになります。しかし同じものを、と突然言われても何を食べさせたらよいのやら？と思うことでしょう。

我が家の場合は離乳食の時期が過ぎ、いっしょに〝いただきます〟ができるようになったころには、とにかくうす味のスープを作り、いっしょに食べました。
スープなら栄養も充分にとれるし、何より食べやすい。そして、いったん煮込んでしまえばそれほど手間もかからないので、育児をしながら、という都合にもちょうど合っていたのです。
それからというもの、我が家の食卓にはメニューのひとつに必ずスープが加わるようになりました。

スープといってもコーンスープのようにいかにもスープというものもあれば、みそ汁もあるといった感じ。つまりは汁もの、ということです。ただ、それぞれのスープのなかには「野菜をいっぱい入れる」。それだけがいつでも変わることのないたったひとつのルールです。

スープは冬だけでなく、一年中、いつでも体にやさしく、じんわりとおいしさを運んでくれるもの。この本は、『はじめてのごはん』同様、日々、娘にたくさんのスープを作ってきたほんの一部を、忙しいお母さんたちのお役に立てたらと思い、まとめたものです。

お子さんたちの笑顔と家族の笑顔のためにおいしいスープを毎日食卓に！

2005年　野口真紀

もくじ

はじめに 2
この本の使い方 7

だしのうま味を味わう
あさりのみそ汁 10

こどもも大好きなコーンがたっぷり
コーンスープ 12

1杯で丸ごとかぼちゃを1個
かぼちゃのスープ 14

甘みが口に広がる
にんじんのスープ 16

ほっこりでとろとろの
ポテトとカリフラワーのスープ 18

スープがおいしくなる話①
スープづくりに必要なもの 20

やさしいだしと鶏スープを味わう
里いもと鶏のスープ 22

具だくさんの
豚汁 24

じっくりコトコト作る
ボルシチ 26

海と山のおいしさが詰まった
白菜と豚肉、あさりのスープ 28

スープがおいしくなる話②
スープのもと 30

大好きおかずナンバーワンの
ミートボールスープ 32

ふんわり卵が決め手!
にら玉スープ 34

コロコロ野菜がいっぱい
ミネストローネ 36

スープがおいしくなる話③
スープに入れるといいもの 38

おうちで本格的に
ビーフシチュー 40

寒い日の定番
クリームシチュー 42

もちもちのおいしさ
すいとん 44

さっぱりでやさしい味わい
白菜と春雨の鍋 46

スープがおいしくなる話④
ストックしておくと便利なもの 48

スープがおいしくなる話⑤
スープの時間をもっと楽しくするもの 50

丸鶏1羽使った豪快
サムゲタン 52

じんわりおいしい
干し貝柱ととうがんのスープ 54

ごろごろ野菜の
ポトフ 56

海のおいしさを詰め込んだ
クラムチャウダー 58

ひたすら煮込む
テールスープ 60

おわりに 62

この本の使い方

＊計量の単位は　小さじ1＝5cc、
　　　　　　　　大さじ1＝15cc、
　　　　　　　　1カップ＝200cc。
　いずれもすりきりで量ります。
＊鍋はすべて厚手のものを使用しています。
＊スープはすべて作りやすい分量で作っています。人数は目安としてお使いください。
＊スープはこどももいっしょに食べられるように作っていますが、野菜や肉を大きいまま煮てあるものは、小さくしてから食べさせるようにしてください。
＊すべてのスープがアレルギー反応がないとはいえません。少しでも反応が出るようでしたら与えるのをやめにしてください。

いっしょに食べて、「おいしいね〜」を共有することで、ごはんの時間はおいしいだけでなく、たちまち楽しいものになります。それがあたたかで、やわらかな味わいのスープからはじまる食卓なら、なおのこと。

どんなに忙しくても、ごはんの時間になったらいっしょに席につき「いただきます」をして欲しいなと思います。そしてそのときは、ゆっくりとおいしいなと思う気持ちで食事をしてみてください。きっとおいしさがアップするはずですから。
大人も同じだと思いますが、ひとりで食べるごはんは、さみしく、つまらないものです。それはこどももいっしょ。
スープは家族みんなで楽しく食べるものなのだと思うのです。

Soup

あさりのみそ汁

日本のスープといえば、コレ。まずはここからいっしょにスープをはじめてみてください。

材料（4人分）
あさり　200g
だし汁　4カップ
信州みそ　大さじ3〜4
三つ葉　適宜

作り方
1　あさりは、海水と同じくらいの塩分の水を張ったバットに入れて砂出しをします。半日ほどそのままおき、たっぷりと砂をはかせたら、流水で殻をこすりながら洗います。
2　鍋に粗熱を取っただし汁（P.30参照）とあさりを入れ、弱火にかけます。沸騰したらアクを取り除き、火をとめて、みそを溶き加えます。
3　お椀に注ぎ入れ、ざく切りにした三つ葉をあしらいます。

バットにひたひたの塩水を入れ、砂出しします。

火をとめ、さっとみそを溶き入れます。

コーンスープ

クリームコーンと粒コーン。とうもろこしのふたつのおいしさを詰め込みました。

材料（2〜3人分）
コーンの水煮缶（クリーム）
　　　　　　1個（190g）
コーンの水煮缶（粒）
　　　　　　1/2個（100g）
牛乳　1カップ
生クリーム　100cc
塩・こしょう　各適宜

作り方
1　粒のコーン缶はざるにあけてよく水気をきります。
2　鍋にコーン（クリーム、粒ともに）と牛乳を入れ、火にかけます。煮立ったら生クリームを加えて、弱火で沸騰直前まであたため、塩、こしょうで味を調えます。

左がクリームタイプのコーン。右が粒タイプ。

かぼちゃのスープ

こどもにかぼちゃの本来の甘さを知ってもらいたくて作ったスープです。

材料（4人分）

かぼちゃ　1/4個
玉ねぎ　1/2個
長ねぎ　1本
バター　大さじ1
水　3カップ
ローリエ　1枚
生クリーム　200cc
塩・こしょう　各適宜

作り方

1. かぼちゃは種を取り除いてひと口大にし、皮をむきます。玉ねぎは皮をむき薄切りに、長ねぎは小口切りにします。
2. 鍋にバターを熱し、弱火でゆっくりと玉ねぎと長ねぎを炒めます。玉ねぎが透き通ってきたらかぼちゃを加え、炒め合わせます。
3. 2に水とローリエを加え、ふたをして20分ほど煮込みます。かぼちゃがやわらかくなったらローリエを取り出し、粗熱を取ります。
4. 3をミキサーにかけ、なめらかになるまでかくはんします。
5. 4を鍋に戻し入れ、火にかけます。沸騰したら生クリームを加え、塩とこしょうで味を調えます。

玉ねぎが透き通るくらいまで弱火で炒めます。

にんじんのスープ

にんじんの甘みにじゃがいもと玉ねぎをプラス。甘くてとろとろのポタージュスープです。

材料（4人分）
にんじん　2本
じゃがいも　1個
玉ねぎ　1/2個
バター　大さじ1
水　3カップ
ローリエ　1枚
生クリーム　200cc
塩・こしょう　各適宜

作り方
1　野菜はそれぞれ皮をむき、にんじんはひと口大に、じゃがいもは半分に、玉ねぎは薄切りにします。
2　鍋にバターを熱し、玉ねぎを炒めます。弱火でじっくりと透き通るまで炒めたら、にんじんとじゃがいもを加え、さらに炒め合わせます。
3　2に水とローリエを加え、ふたをして20分ほど弱火で煮込みます。にんじんとじゃがいもがやわらかくなったらローリエを取り出し、粗熱を取ります。
4　3をミキサーにかけてなめらかになるまでかくはんします。
5　4を鍋に戻し入れ、火にかけます。沸騰したら生クリームを加え、塩とこしょうで味を調えます。

野菜がとろとろにやわらかくなるまで煮込みます。

野菜のかたちがなくなり、なめらかになるまで。

ポテトとカリフラワーのスープ

真っ白な野菜たちのやわらかな味わいは、野菜のおいしさを教えてくれます。

材料（4〜5人分）
じゃがいも　2個
カリフラワー　1/2個
マッシュルーム　6〜8個
玉ねぎ　1/2個
長ねぎ　1/2本
バター　大さじ2
水　500cc
牛乳　200cc
生クリーム　200cc
塩・黒こしょう　各適宜

作り方
1. じゃがいもは皮をむき4等分に切ります。カリフラワーは小房に分け、マッシュルームは半分に切ります。玉ねぎは皮をむき薄切りに、長ねぎは小口切りにします。
2. 鍋にバターを熱し、玉ねぎと長ねぎを炒めます。しんなりしてきたら、じゃがいもとカリフラワー、マッシュルームを加え、ざっと炒め合わせます。
3. 野菜に油がまわったら水を加えましょう。煮立ってきたらアクを取り除き、ふたをして弱火で20分ほど野菜がくたくたにやわらかくなるまで煮込みます。
4. 3の粗熱が取れたら、ミキサーに入れてなめらかになるまでかくはんします。
5. 鍋に4と牛乳、生クリームを入れ、火にかけます。沸騰させないように弱火であたため、塩、こしょうで味を調えます。

＊熱いうちに溶けるチーズをかけてもおいしいですよ。

野菜類のかたちがほとんどなくなるまで煮ます。

スープがおいしくなる話 ①
スープづくりに必要なもの

あたりまえのようですが、スープづくりに必要なものといえば、やっぱり鍋。
よりおいしいスープを作るには、特に保温性も高く、少ない水分で野菜や肉のうま味
を引き出す厚手のものがおすすめです。また、じっくり炒めた野菜をミキサーにかけ、
生クリームや牛乳で仕上げれば、あっという間にスープが完成します！

**ル・クルーゼ・ココット
ロンド 24cm** / 丸ごとブ
ロックの肉や大きめの野
菜を煮るときに便利。

**ル・クルーゼ・ココット
ロンド 18cm** / 一番、出
番の多い大きさ。家族の
スープ用にちょうどいい。

**ル・クルーゼ・ココット
ロンド 16cm** / こどもの
分だけ味付けを変えたい
ときや煮物、炒め物にも。

ブラウン・ジューサーミキサー
氷も砕ける強力なミキサー。
じっくり炒めた野菜や肉がトロ
トロでクリーミーに変身。

里いもと鶏のスープ

鶏のうま味が染みこんだ、とろとろにやわらかな里いもを味わう薄口のスープ。

材料（3〜4人分）
里いも　5〜6個
鶏もも肉　1枚
だし汁　4カップ
A
　酒　少々
　薄口しょうゆ　大さじ2/3
　塩　少々
ゆずの皮　少々

作り方
1　里いもは皮をむき、流水で軽くぬめりを洗い流します。鶏肉は余分な脂や筋を取り除き、沸騰した湯でさっと下ゆでしておきます。ゆずの皮はせん切りにします。
2　鍋に里いもとだし汁（P.30参照）を入れ、火にかけます。里いもに竹串をさし、すっと通るくらいまでやわらかくなったら、ひと口大に切った1の鶏肉とAを加え、ふたをしてさらに弱火で20分ほど煮込みます。
3　お椀に盛り付け、ゆずの皮をあしらいます。
＊　里いもは大きいまま煮て、お子さんに食べさせるときに小さくしてください。

下ゆですることで、鶏肉のくさみがとれ、スープもクリアに仕上がります。

豚汁

6種類の野菜と豚肉のおいしさがみそと溶け合った、具だくさんの食べるスープです。

材料（4人分）

豚バラ肉（ブロック）　150g
大根　3cm
にんじん　1/3本
れんこん　5cm
しいたけ　3枚
里いも　3個
ごぼう　1/2本
だし汁　5カップ
みそ　大さじ3〜4
ごま油　大さじ1
万能ねぎ　適宜

作り方

1　豚肉は薄切りに、大根とにんじん、れんこんはそれぞれ皮をむき、いちょう切りにします。しいたけは軸を切り落とし、かさの部分を4等分にします。里いもは皮をむいて2〜3cm角に、ごぼうは皮をむいてささがきにし、水でさっと洗います。
2　鍋にごま油を熱し、豚肉を炒めます。両面こんがりと焼き目がついたら、下準備しておいた野菜を加え、炒め合わせましょう。
3　2にだし汁（P.30参照）を加えます。煮立ったらアクを取り除き、ふたをして弱火で20〜30分ほど煮込みます。
4　野菜がやわらかくなったら、火を弱めてみそを溶き入れ、できあがり。
5　お椀に盛り、小口切りにした万能ねぎを散らします。
＊　豚肉はスライスを使用しても可。
＊　お子さんには万能ねぎを加えずに与えてください。

野菜はそれぞれの大きさに切り、準備しておきます。

ボルシチ

ゆっくりと煮込んだかたまり肉と、とろける野菜のコクはこどもにも伝えたいおいしさ。

材料（4〜5人分）
牛すね肉（ブロック）　400g
ビーツ　3個
キャベツ　1/4個
黒粒こしょう　10粒
ローリエ　1枚
水　1.6リットル
塩・こしょう　各適宜
サワークリーム　適宜

作り方
1　鍋にひと口大に切った肉と水、粒こしょう、ローリエを入れて火にかけます。沸騰したらアクを取り除き、ふたをして弱火で1時間ほど煮込みます。
2　1に皮をむき1cmの厚さに輪切りしたビーツを加え、ふたをして弱火で30分ほど煮ます。ビーツがやわらかくなったらざく切りにしたキャベツを加えてさらに10分ほど煮、塩とこしょうで味を調えます。
3　器に盛りつけ、サワークリームを添えます。
＊ビーツは大きいまま煮て、お子さんに食べさせるときに小さくしてください。

かぶのようなかたちをした生のビーツ。酢漬けにも。

白菜と豚肉、あさりのスープ

あさりのだしと肉のうま味が白菜にたっぷり。ふたつのおいしさが染みこんだ白菜を味わって。

材料（4〜5人分）

白菜　1/4個
豚肩ロース（ブロック）　300g
あさり　200g
うずらの卵（水煮）　12個
昆布　10cm角1枚
水　1リットル
酒　1/2カップ
ナンプラー　大さじ2〜3

作り方

1　白菜は3cmの幅にざく切りし、豚肉はブロックのまま沸騰した湯でさっと表面の色が変わる程度に下ゆでします。
　あさりは、海水と同じくらいの塩分の水を張ったバットに入れて砂出しをします。半日ほどそのままおき、たっぷりと砂をはかせたら、流水で殻をこすりながら洗います。

2　鍋に1の豚肉、昆布、水を入れ、火にかけます。沸騰したらアクを取り除き、酒を加え、ふたをして弱火で40〜50分ほど煮込みます。

3　豚肉に竹串を刺し、スッと通るくらいやわらかくなったら、いったん取り出してひと口大に切り、再び、鍋に戻し入れます。

4　3に白菜とうずらの卵を加えてさらにふたをして弱火で10分ほど煮、白菜がとろりとしてきたらナンプラーとあさりを加えます。さらに少々煮て、あさりの口が開いたらできあがりです。

ブロックのまま下ゆでし、うま味をとじ込めます。

スープがおいしくなる話②
スープのもと

おいしいスープを作る一番のコツは、きちんとスープのもと（ベース）を作ること。
なかでも和風だしとチキンと野菜を使った洋風スープのもとは万能スープのもと。
これさえ作っておけば、あとは野菜や肉を入れてコトコト煮込むだけ。簡単でおいしいんです。

和風だし

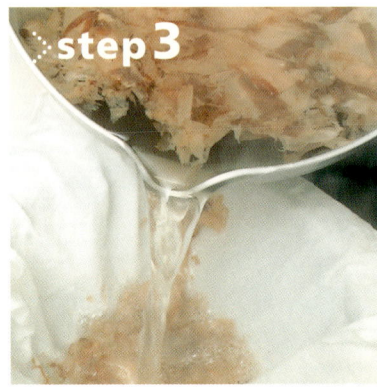

材料（作りやすい分量）
かつおぶし　たっぷりめのひとつかみ
昆布　15×7cm・1枚
水　6カップ

作り方
1　鍋に水と昆布を入れて中弱火にかけ、沸騰寸前で昆布を取り出します。

2　1がひと煮立ちしたら、かつおぶしを加えて5秒数えてから火をとめます。

3　ざるにキッチンペーパーやさらしなどを敷き、2を漉します。

洋風スープのもと

材料（作りやすい分量）
骨付き鶏もも肉　1本（約180g）
玉ねぎ（小）　1個
にんじん（中）　1本
じゃがいも（小）　2個
黒粒こしょう　適宜
水　8カップ

作り方
1　鶏肉は骨にそって、両面縦に切り込みを入れて沸騰した湯でさっとゆでます。野菜はよく洗い、それぞれ皮をむきます。にんじんは縦半分に切っておきます。

2　鍋に水と鶏肉、野菜類を入れて強火にかけます。沸騰したらアクを取り除き、鍋中の水面が静かに揺れるくらいの弱火で1時間ほど煮込みます。

3　ざるにキッチンペーパーやさらしなどを敷き、2を漉します。
＊残った野菜は小さくしてお子さんに食べさせてもいいですよ。

ミートボールスープ

こどもも大人も大好きなミートボールをトマトでコトコト煮こんだ、ごちそうスープです。

材料（4〜5人分）
（ミートボール）
　合びき肉　300g
　玉ねぎ　1/2個
　しいたけ　2枚
　にんにく　1片
　卵　1個
　パン粉　大さじ2
　塩・こしょう　各適宜
（スープ）
　玉ねぎ（小）　1個
　にんにく　1片
A
　トマト缶　1個（400g）
　トマトピューレ　100g
　ローリエ　1枚
　ブラックオリーブの実
　　　　　　　15個ほど
　ローズマリー（小）1枝
水　500cc
オリーブオイル　大さじ2
塩・こしょう　各適宜
パセリのみじん切り　適宜

作り方
1 はじめにミートボールを作ります。しいたけは軸を切り落とし、にんにくは皮をむき芯を取り除き、それぞれみじん切りにします。玉ねぎも皮をむきみじん切りにします。
2 ボウルにミートボールの材料をすべて入れ、手でよく混ぜ合わせてから直径3〜4cmほどの丸型に丸めます。
3 スープに入れるにんにくも皮をむき芯を取り除いてみじん切りに、玉ねぎは皮をむいてみじん切りにします。
4 鍋にオリーブオイルを熱し、にんにくと玉ねぎを弱火で炒めます。いい香りがしてきたら、水とAを加えます。
5 沸騰してきたらアクを取り除き、2のミートボールを加えます。アクを取り除き、ふたをして弱火で30分ほど煮込み、塩とこしょうで味を調えます。
6 器に盛り、パセリを散らします。

トマト缶は手でよくつぶしてから加えます。

手のひらとスプーンを使ってひき肉をまとめます。

にら玉スープ

ふんわり卵がおいしさの決め手。苦手なにらも卵といっしょならおいしくいただけますね。

材料（4人分）
にら　1束
卵　2個
だし汁　4カップ
A
　酒　大さじ1
　薄口しょうゆ　小さじ1
　塩　少々
　みりん　小さじ1
ごま油　適宜

作り方
1　にらは2〜3cmの長さに切ります。卵はボウルに割りほぐしておきましょう。
2　鍋にだし汁（P.30参照）とAを入れ、火にかけます。沸騰したら、にらを加えます。再び沸いてきたら卵をまわし入れ、1分後に火をとめます。
3　器に盛り、ごま油をたらします。

卵黄と卵白を混ぜすぎないのがふっくらのコツ。

ミネストローネ

たくさんの野菜と鶏が生みだす、やさしい風味はこのスープならでは。栄養もバツグンです。

材料（4〜5人分）
じゃがいも　2個
玉ねぎ　1/2個
セロリ　1本
にんじん　1/2本
なす　2本
パプリカ　1個
マッシュルーム　6個
鶏骨付きもも肉　1本（300g）
水　1リットル
タイム　2〜3茎
トマト缶　1個（400g）
オリーブオイル　大さじ3
塩・こしょう　各適宜
パルメザンチーズ　適宜

作り方
1 じゃがいも、玉ねぎ、にんじんはそれぞれ皮をむき、1cm角に。セロリ、なす、パプリカも1cm角に、マッシュルームは4等分に切ります。鶏肉は沸騰した湯でさっと下ゆでしておきます。
2 鍋にオリーブオイルを熱し、1の野菜類を炒めます。全体に油がまわったら、鶏肉と水、タイム、トマト缶を加え、ざっと合わせます。
3 2が沸騰したらアクを取り除き、ふたをして弱火で40〜50分ほど煮込みます。
4 鍋中の肉をいったん取り出し、フォークなどで細かくほぐし、再び鍋中に戻し入れます。
5 塩、こしょうで味を調えてから器に盛り、すりおろしたパルメザンチーズを散らします。

野菜ははじめに小さく切っておくと便利です。

40〜50分後、取り出してほぐし、鍋に戻します。

スープがおいしくなる話 ③
スープに入れるといいもの

野菜や肉のうま味たっぷりのスープ。もちろんそのまま食べてもおいしいけれど、ほんの少し、＋α。例えば、仕上げにマカロニをスープにポンと放り込んで煮込めば、スープパスタに。クルトンを浮かべれば、いつもよりちょっとぜいたくな雰囲気に。ハーブを加えれば、より一層コクが出るというわけ。ぜひ、試してみて。

クルトン/ポタージュ
などに浮かべて。

ペンネ/ボリュームア
ップしたいときに。

フジッリ/クリーム系
のスープにおすすめ。

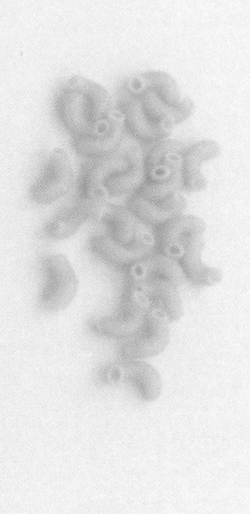

コンキリエ/ミネスト
ローネなどに。

マカロニ/トマト系に
もクリーム系にも！

ローリエ / 煮込み料理
に欠かせないハーブ。

ローズマリー / 肉の
うま味を引き出します。

タイム / 肉、魚全般に。
くさみを消す効果も。

ビーフシチュー

トロトロに煮込んだお肉と野菜のうま味が溶け合った、ぜいたくな味わいをこどもにも。

材料（4〜5人分）

牛すね肉（ブロック） 500g
玉ねぎ 1個
にんじん 1本
じゃがいも 3個
マッシュルーム 1パック
　　　　　　（6〜8個）
赤ワイン 1カップ
バター 大さじ2
トマト缶 400g
ローリエ 1枚
水 2カップ
ビーフシチューのルウ（市販）
　　　　　1パック（100g）
生クリーム 適宜
塩・こしょう 各適宜
オリーブオイル 適宜

作り方

1 牛肉はひと口大に切り、塩とこしょうで下味をつけておきます。玉ねぎは皮をむき薄切りに、にんじんは皮をむき1〜2cmの厚さに輪切りにします。じゃがいもは皮をむき4等分に、マッシュルームは半分に切ります。
2 フライパンにオリーブオイルを熱し、肉を炒めます。両面こんがりと焼いたら赤ワインを注ぎ入れ、4〜5分炒め煮します。
3 鍋にバターを熱し、玉ねぎを弱火でじっくり炒めます。きつね色になったらにんじんとじゃがいも、マッシュルームを加えてざっと炒め合わせます。
4 3に2を赤ワインごと加え、すぐにトマト缶とローリエ、水を加えてざっと合わせます。沸騰したらアクを取り除き、ふたをして弱火で1時間以上煮込みます。
5 肉がやわらかくなったら、ルウを加えて弱火でとろみがつくまで煮ます。
6 器に盛り、大人用には生クリームをさっとたらします。
＊ 肉は調理する前に冷蔵庫から出し、常温にしておくと味がなじみやすくなります。

厚手の鍋でじっくり炒め、甘みを引き出します。

しっかり焼き目をつけるのがおいしさのポイント。

クリームシチュー

こどもが大好きなホワイトクリームに鶏肉と野菜をたっぷり加えて煮込みます。

材料（4〜5人分）

鶏もも骨付きぶつ切り肉　2本分
エリンギ　4本
かぶ　4個
カリフラワー　1/2個
リーキ（なければ玉ねぎ1/2個
　　　　＋長ねぎ1本）　1本
ローリエ　1枚
バター　50g
水　2と1/2カップ
牛乳　200cc
(ホワイトソース)
　バター　30g
　薄力粉　30g
　牛乳　300cc
　塩・こしょう　各適宜
生クリーム　200cc
塩・こしょう　各適宜

作り方

1　鶏肉は塩、こしょうで下味をつけておきます。エリンギは縦に手で裂きます。かぶは皮をむき縦半分に、カリフラワーは小房に分けます。リーキは縦半分に切ってから5mmの幅に切ります。
2　鍋にバターを熱し、リーキを炒めます。透き通ってきたら鶏肉を加え、ざっと炒め合わせます。
3　鶏肉の色が変わったら残りの野菜類とローリエ、水を加えます。沸騰したらアクを取り除き、ふたをして弱火で野菜がやわらかくなるまで煮ます。
4　3に牛乳とホワイトソースを加え混ぜ、ひと煮したら生クリームを加えて沸騰寸前で火をとめます。仕上げに塩、こしょうで味を調えます。

牛乳は少しずつ状態を見ながら加えていきます。

ホワイトソースの作り方
フライパンにバターを熱し、薄力粉を加えてヘラで混ぜ合わせます（弱火）。粉っぽさがなくなり、クツクツと煮立ってきたら牛乳を少しずつ加えながらゴムベラでダマにならないように混ぜ合わせます。牛乳をすべて加え、クリーミーな状態になったら塩、こしょうで味を調えます。

すいとん

これひとつでおなかいっぱいになる主役スープ。もちもちのすいとんがおいしい！

材料（4人分）
（すいとん）
　薄力粉　大さじ8
　ぬるま湯　大さじ4〜5
（スープ）
　だし汁　1リットル
A
　酒　大さじ2
　しょうゆ　大さじ1/2
　塩　小さじ1
　みりん　大さじ1
（具）
　鶏もも肉　1/2枚
　大根　6〜7cm
　油揚げ　1枚
万能ねぎ　適宜

作り方
1　ボウルにすいとんの材料を入れ、耳たぶくらいのやわらかさになるまでこねます。
2　鶏肉は沸騰した湯でさっと下ゆでしてから1cm幅くらいに、大根は皮をむき短冊切りにします。油揚げはさっと湯通ししてから短冊切りにします。
3　鍋にだし汁（P.30参照）を入れ、火にかけます。2の具を加え、ひと煮したらアクを取り除きます。
4　3にAを加え、ふたをして弱火で20分ほど煮込みます。仕上げにひと口大に丸めたすいとんを加え、10分煮ます。
5　器に盛り、大人用にのみ小口切りにした万能ねぎを散らします。

ボウルの中で粉と湯を混ぜ、ひとまとめにします。

ひと口大に丸め、親指でそっと押し、かたち作ります。

白菜と春雨の鍋

煮込んだ白菜は甘くてやわらか。そこに豚肉と鶏肉のダブルのうま味をとじ込めました。

材料（5〜6人分）

白菜　1/2株
鶏もも肉　2枚
豚バラ肉　500g
春雨　100g
干ししいたけ　6枚
水　1リットル
塩　適宜
ごま油　適宜

作り方

1　白菜はざく切りにし、芯と葉を分けておきます。鶏肉は余分な脂身を取り除いてひと口大に、豚肉は3〜4cmの長さに切ります。春雨は沸騰した湯でさっとゆで、3〜4cmの長さに切ります。干ししいたけは分量の水につけて冷蔵庫に入れ、一晩おき、もどしておきます。
2　白菜の芯、鶏肉、豚肉を3等分にし、鍋に順に繰り返し重ね入れ、層にします（このとき、一番下に白菜がくるようにすると焦げつきにくくなります）。
3　2の鍋に小さめに切った干ししいたけともどし汁を加え、火にかけます。沸騰したらアクを取り除き、ふたをして弱火で40〜50分煮ます。
4　3に白菜の葉を加えて10分ほど煮ます。続いて春雨を加え、さらに10分ほど煮ます。
5　各自の器にスープを注ぎ、塩をして味をみたら具を加えてごま油をたらし、よく混ぜていただきます。
＊お子さん用にはごま油は加えず、少なめの塩のみで調味してください。

白菜と鶏肉、豚肉が層になるように鍋に入れます。

スープがおいしくなる話 ④
ストックしておくと便利なもの

「今日はスープにしよう！」そう思い立ったらすぐに作りはじめたい。そんなときのために、用意しておくと便利なものをいくつかご紹介します。だしを取るときの基本、かつおぶしや昆布、それに風味やコクを出すワインなど。これさえストックしておけば、いざというときに「いつものおいしい」が実現しますよ。

カレールウ／粉末タイプ・辛口。
大人用には辛口をぜひ用意して。

カレールウ／粉末タイプ・甘口。
こども用にはやっぱり甘口のみを。

カレールウ／固形タイプ。
粉末タイプと合わせて使います。
2〜3種合わせるとよりおいしい。

ホタテ／水や酒につけて
だしを取ります。

かつおぶし／和風だしの
ベースになります。

昆布／かつおぶしと合わせて和風だしに。

クラッカー/スープに添えたり、砕いて入れてもおいしい。

クルトン/カリッとしたものがおすすめです。

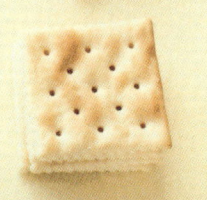

赤ワイン/肉や野菜を短時間でやわらかに。

白ワイン/スープに加えて風味をアップ。

トマトピューレ/トマト系スープのかくし味に。

トマト缶/トマト系スープのベースに。

スープがおいしくなる話 ⑤
スープの時間をもっと楽しくするもの

よりおいしく、楽しくスープをいただくためには、器も重要なアイテムのひとつ。口の広い、いわゆるスープ皿はもちろん、ボウル、マグカップなどいろいろなタイプや大きさのものを用意しておくと何かと便利。また、スプーンやナプキンなどもカップに合わせたりすると、スープの時間がより一層楽しくなりますよ。

スープ皿/大、小あるとスープに合わせて使い分けできて便利。

マグカップ/朝の忙しい時間にはマグでスープが気軽です。

ボウル/スープはもちろん、カフェオレやフルーツを入れても。

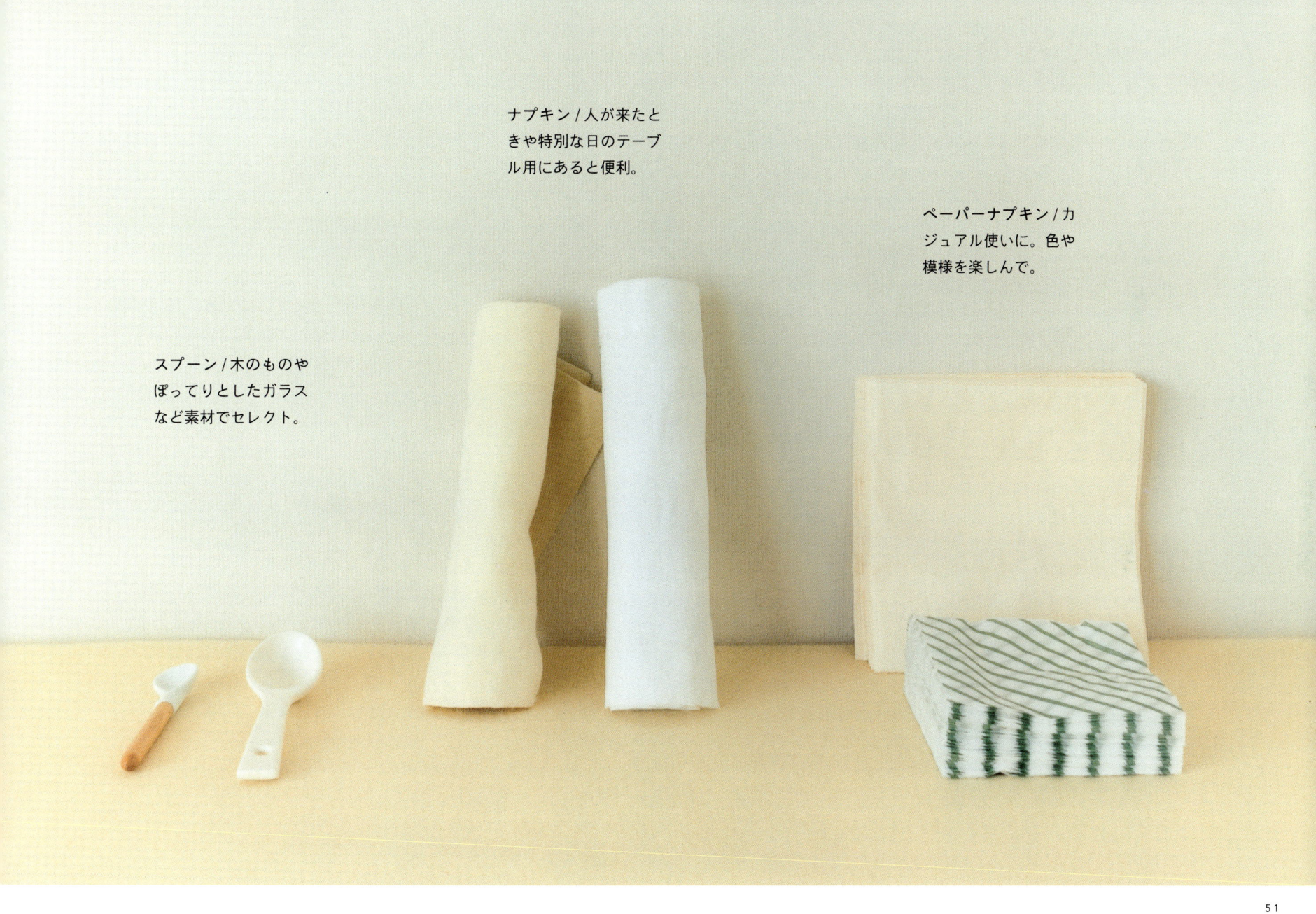

ナプキン / 人が来たときや特別な日のテーブル用にあると便利。

ペーパーナプキン / カジュアル使いに。色や模様を楽しんで。

スプーン / 木のものやぽってりとしたガラスなど素材でセレクト。

サムゲタン

丸鶏1羽を2時間じっくりと煮た豪快スープ。体にじんわり染みるおいしさをこどもにも。

材料（5〜6人分）

丸鶏　1羽
A
　　もち米　1/2カップ
　　くこの実　大さじ2
　　なつめ　10個
　　松の実　大さじ2
　　にんにく　1片
　　しょうが　1片
長ねぎの小口切り　適宜
塩・こしょう　各適宜
ごま油　適宜

作り方

1　にんにくは皮をむき丸のままで、しょうがは皮ごと半分に切ります。
2　鶏肉にAを詰め込み、首とお尻の部分を楊枝で留めます。
3　鍋に2の鶏肉とかぶるくらいの水を入れ、火にかけます。沸騰したらアクを取り除き、ふたをして極弱火で2時間〜2時間半ほど煮込みます。仕上げに塩、こしょうで味を調えます。
4　鍋中で鶏肉をくずして器に盛ります。長ねぎの小口切りを散らし、ごま油をたらして好みで塩をふります。
＊お子さん用には長ねぎとごま油は加えず、塩のみで調味してください。

鍋は丸ごと1羽入る、大きめのものを用意して。

お尻の部分から、材料を詰めていきます。

干し貝柱ととうがんのスープ

海の幸いっぱいのだしがじんわり素材に染みこんだスープ。しみじみした味わいです。

材料（4人分）
干し貝柱（大）　5〜6個
干しエビ　16尾
とうがん　350g
オクラ　6本
酒　大さじ3
水　1リットル
ナンプラー　大さじ1と1/2
塩・こしょう　各適宜
ごま油　適宜
かぼす、すだちなど　適宜

作り方
1　ジッパー付き保存袋に干し貝柱と干しエビ、分量の水を入れ、冷蔵庫で一晩おき、もどします。
2　とうがんは皮をむき、種を取り除いて食べやすい大きさに切ったら、沸騰した湯で2〜3分下ゆでしておきます。オクラは塩少々（分量外）でうぶ毛をこすり洗いし、ヘタを切り落として小口切りにします。
3　鍋に1をもどし汁ごと加え、火にかけます。煮立ったらアクを取り除いて酒ととうがんを加え、とうがんがやわらかくなるまで煮ます。
4　3にオクラを加えて3〜4分煮、ナンプラーを加え、塩とこしょうで味を調えます。
5　器に盛り、ごま油をたらし、かぼすなどをしぼります。
＊お子さん用にはごま油は加えずに食べさせてください。

袋に水と干し貝柱と干しエビを入れ、だしを取ります。

ポトフ

ごろごろ野菜をゆっくり時間をかけて煮込みました。スープの甘みを実感してください。

材料（4人分）
ベーコン（ブロック）　200g
鶏手羽先　4〜6本
じゃがいも（小）　4個
玉ねぎ　1個
にんじん　1本
れんこん　200g
セロリ　2本
ローリエ　2枚
黒粒こしょう　10粒
塩　適宜

作り方
1　ベーコンは3〜4cmの厚さに切ります。鶏肉は沸騰した湯でさっと下ゆでしておきます。野菜はそれぞれ皮をむき、じゃがいもは丸のまま、玉ねぎは半分に、にんじんは縦4等分に、れんこんは1cmの厚さの輪切りにします。セロリは筋を取り、4等分の長さに切ります。
2　鍋にじゃがいも以外の野菜とベーコン、鶏肉、ローリエ、粒こしょうを入れ、材料がかぶるくらいの水を加えて火にかけます。煮立ったらアクを取り除き、弱火にしてじゃがいもを加えます。
3　野菜がやわらかくなるまでふたをして弱火でコトコト40分ほど煮込み、塩で味を調えます。
＊お子さんには、野菜をくずして食べさせてあげてください。
＊大人用には粒マスタードを添えてもおいしいですよ。

おいしさを逃がさないように野菜は大きいままで。

クラムチャウダー

クリーミーなホワイトスープに海のおいしさがぎゅぎゅっと詰まったスープ。野菜もたっぷり。

材料（4人分）
あさり　500g
ベーコン　4～5枚
玉ねぎ　1/2個
じゃがいも　2個
白いんげん豆（水煮・缶詰）　80g
水　2と1/2カップ
バター　50g
牛乳　200cc
生クリーム　200cc
塩・黒こしょう　各適宜

作り方
1　あさりは、海水と同じくらいの塩分の水を張ったバットに入れて砂出しをします。半日ほどそのままおき、たっぷりと砂をはかせたら、流水で殻をこすりながら洗います。ベーコンは5mmの幅に切ります。玉ねぎとじゃがいもはそれぞれ皮をむき、玉ねぎは1cm角に、じゃがいもは3cm角に切ります。
2　鍋にあさりと水を入れ、弱火にかけます。あさりの口が開き、沸騰したらアクを取り除き、ざるで漉します（あとで使うのでスープはとっておく）。あさりは殻と身を分けておきます。
3　鍋にバターを熱し、玉ねぎを炒めます。透き通ってきたらベーコンを加え、さらに炒めます。
4　3にじゃがいもを加え、ざっと炒めたら、水気をきったいんげん豆と2のスープを加えて弱火にします。20分ほど煮、2のあさりの身と牛乳、生クリームを加えて、ひと煮立ちさせます。仕上げに塩、こしょうで味を調えます。

ゆでたあさりはスプーンで実と殻に分けます。

テールスープ

牛テールをひたすら煮込むだけのシンプルなスープは、時間が作るおいしさです。

材料（4〜5人分）
牛テール　小さめのもの2〜3本
（約500g）
プチトマト　20個
にんにく　3片
しょうが　2片
塩・黒こしょう　各適宜

作り方
1　牛肉は沸騰した湯で表面の色が変わるくらいまでさっとゆで、流水で余分な脂などを洗い流します。にんにくは皮をむき、芯を取り除いて包丁の腹でつぶします。しょうがは皮をむきます。
2　深さのある鍋に1の牛肉とにんにく、しょうがを入れ、材料がかぶるくらいの水を加えて火にかけます。煮立ったらアクを取り除き、ふたをして弱火にして3時間ほどコトコト煮込みます。
3　ヘタを取り除いたプチトマトを加えて4〜5分煮、塩、こしょうで味を調えます。

下ゆでした牛肉は余分な脂を流水で洗います。

おわりに

娘が3歳になるまでは何度も風邪をひいたり、熱を出したりしていました。
そのたびに私はスープの力に助けられたものです。具合の悪い娘に何とか栄養をと、たくさんの野菜をくたくたに煮たスープを毎晩作ったころもありました。

ようやく最近になって娘も体力がつき、ずいぶん丈夫になりました。
それはやっぱり、毎日食べるスープからにじみ出るおいしい栄養分のおかげのような気がしています。
それからもうひとつ。

好き嫌いがなく、野菜好きな娘を育てたのもスープ。のような気がしています。
スープには、たくさんの野菜や肉がぐっとふんばって出したおいしいエキスが満ちあふれています。時間をかけてゆっくり溶け出た、そのうま味を、今度はひとさじずつじんわりと体に染みこませていくのです。

家族においしい笑顔と元気になる力をくれるスープ。
スープの不思議な力に支えられ、我が家は毎日、元気にごはんをいただくことができるのです。

2005年　野口真紀

お世話になりました。
野口健志　野口うた　藤原洋子　羽鳥美和
ル・クルーゼジャポン株式会社　（順不同、敬称略）

スタッフ
構成・編集　　　　赤澤かおり
デザイン　　　　　芥　陽子（コズフィッシュ）
撮影　　　　　　　市橋織江
スタイリング　　　田中美和子
イラスト　　　　　石坂しづか
料理アシスタント　近藤　緑
製版ディレクション　金子雅一（凸版印刷）
進行　　　　　　　藤井崇宏（凸版印刷）
試作校正　　　　　井上玉英　井上美佳
販売・管理　　　　島村真理子　下屋敷佳子（アノニマ・スタジオ）

こどもといっしょに食べる
はじめてのスープ

2005年 3月26日　初版第 1 刷　発行

著　者　　野口真紀
発行人　　前田哲次
編集人　　丹治史彦
発行所　　中央出版株式会社　アノニマ・スタジオ
　　　　　〒107-0062　東京都港区南青山4-27-19-1号室
　　　　　TEL 03-5778-9234　FAX 03-5778-6456
　　　　　http://www.anonima-studio.com
発売元　　KTC中央出版
　　　　　〒107-0062　東京都港区南青山6-1-6-201号室
印刷・製本　凸版印刷株式会社

内容に関するお問い合わせ、ご注文などはすべて上記アノニマ・スタジオまで
おねがいします。乱丁、落丁本はお取り替えいたします。本書の内容を無断で
複製・複写・放送・データ配信などすることは、かたくお断りいたします。
ISBN 4-87758-610-5　C2077　©2005 Maki Noguchi, printed in Japan